*Poesia completa
de Yu Xuanji*

FUNDAÇÃO EDITORA DA UNESP

Presidente do Conselho Curador
Herman Jacobus Cornelis Voorwald

Diretor-Presidente
José Castilho Marques Neto

Editor-Executivo
Jézio Hernani Bomfim Gutierre

Conselho Editorial Acadêmico
Alberto Tsuyoshi Ikeda
Célia Aparecida Ferreira Tolentino
Eda Maria Góes
Elisabeth Criscuolo Urbinati
Ildeberto Muniz de Almeida
Luiz Gonzaga Marchezan
Nilson Ghirardello
Paulo César Corrêa Borges
Sérgio Vicente Motta
Vicente Pleitez

Editores-Assistentes
Anderson Nobara
Henrique Zanardi
Jorge Pereira Filho

YU XUANJI

Poesia completa de Yu Xuanji

Tradução, organização, apresentação e notas
Ricardo Primo Portugal e Tan Xiao

editora
unesp

© 2011 da tradução brasileira

Título original:
唐代女诗人：鱼玄机诗歌全集

Fundação Editora da Unesp (FEU)
Praça da Sé, 108
01001-900 – São Paulo – SP
Tel.: (0xx11) 3242-7171
Fax: (0xx11) 3242-7172
www.editoraunesp.com.br
www.livrariaunesp.com.br
feu@editora.unesp.br

CIP Brasil. Catalogação na Fonte
Sindicato Nacional dos Editores de Livros, RJ

Y82p

Yu, Xuanji, 844-869
    Poesia completa de Yu Xuanji / tradução, organização, apresentação e notas Ricardo Primo Portugal e Tan Xiao. – São Paulo: Editora Unesp, 2011.
    144p.

    Tradução do original chinês
    Poemas em chinês com tradução paralela em português
    Inclui bibliografia
    ISBN 978-85-393-0114-0

    1. Poesia chinesa. 2. Poesia chinesa – Escritoras – Traduções para o português. 3. Poesia chinesa – Dinastia Tang, 618-907 – Traduções para o português. I. Portugal, Ricardo, 1962-. II. Tan, Xiao. III. Título.

11-1838.
                                  CDD: 895.11
                                  CDU: 821.581-1

Editora afiliada:

Asociación de Editoriales Universitarias
de América Latina y el Caribe

Associação Brasileira de
Editoras Universitárias

Nota do Instituto Confúcio na Unesp

É com grande satisfação que o Instituto Confúcio na Unesp se soma à Editora Unesp para a publicação no Brasil de tradução inédita, diretamente do chinês, da obra completa de Yu Xuanji, um dos nomes de maior proeminência de uma extensa linhagem de poetisas na China. Esta publicação só foi possível graças ao louvável trabalho de pesquisa e tradução de Ricardo Primo Portugal e de Tan Xiao, aos quais agradecemos a imensa contribuição em prol da aproximação cultural entre o Brasil e a China.

Fundado em 2008, o Instituto Confúcio na Unesp integra uma extensa rede de Institutos Confúcio atualmente presente em 322 universidades de 86 países. Como em todos os seus congêneres, o Instituto Confúcio de São Paulo busca a disseminação da língua e, de maneira geral, da cultura chinesas. A publicação da obra de Yu Xuanji é coerente com esse objetivo e prenuncia uma série de obras clássicas chinesas que o Instituto pretende franquear ao público brasileiro.

Luís Antonio Paulino
Diretor Executivo do Instituto Confúcio na Unesp
http://www.institutoconfucio.unesp.br

A Iára Primo Portugal e Xu Chunlian, nossas mães.

Sumário

Introdução . 13

Yu Xuanji – Poesia completa . 29

赋得江边柳 . 30
Para os salgueiros junto ao rio . 31

寄飞卿 . 32
Para Feiqing . 33

卖残牡丹 . 34
Vendendo peônias murchas . 35

江陵愁望寄子安 . 36
Carta a Li Zi'an, olhando a distância desde Jiangling . 37

闺怨 . 38
O quarto solitário . 39

早秋 . 40
Início do outono . 41

寄国香 . 42
Para Guo Xiang . 43

赠邻女 . 44
A uma garota do bairro . 45

送别 . 46
Dizendo adeus (I) . 47

送别 . 48
Dizendo adeus (II) . 49

愁思 . 50
Pensamentos de melancolia . 51

暮春有感寄友人 . 52
Comovida ao final da primavera: a um amigo . 53

冬夜寄温飞卿 . 54
Para Feiqing em uma noite de inverno . 55

酬李学士寄簟 . 56
Agradecendo a Li Zi'an por seu presente… . 57

秋怨 . 58
Lamento de outono . 59

寓言 . 60
Uma alegoria . 61

寄子安 . 62
Para Li Zi'an . 63

游崇真观南楼，睹新及第题名处 . 64
Visitando o pavilhão sul do Templo Chongzhen… . 65

代人悼亡 . 66
Compartilhando um luto . 67

折杨柳 . 68
Partindo galhos de salgueiro . 69

和新及第悼亡诗二首 . 70
A partir de poema de um recém-aprovado... . 71

江行 . 74
Viajando pelo Grande Rio . 75

次韵西邻新居兼乞酒 . 76
Em resposta a poema de meu novo vizinho... . 77

遣怀 . 78
Deixando-se levar . 79

寄题炼师 . 80
A um mestre alquimista . 81

题隐雾亭 . 82
Inscrito em um pavilhão em meio à neblina . 83

和友人次韵 . 84
Em resposta a poema de um amigo . 85

打球作 . 86
Olhando-os jogar polo . 87

闻李端公垂钓回寄赠 . 88
Ao saber que o oficial Li havia retornado... . 89

酬李郢夏日钓鱼回见示 . 90
Poema para Li Ying em resposta a seu "Pescar no verão" . 91

题任处士创资福寺 . 92
O Templo Zifu, fundado pelo eremita Ren . 93

重阳阻雨 . 94
No Festival do Nove-Duplo, sob a chuva . 95

浣纱庙 . 96
O templo da lavadora de seda . 97

感怀寄人 . 98
Comovida, envio a alguém . 99

期友人阻雨不至 . 100
À espera de um amigo que não veio... . 101

夏日山居 . 102
Vivendo nas montanhas no verão . 103

迎李近仁员外 . 104
Saudação ao cavalheiro Li Jinren . 105

和人 . 106
Carta a um amigo . 107

春情寄子安 . 108
Sentimentos de primavera – enviado a Zi'an . 109

暮春即事 . 110
Improviso do final da primavera . 111

寄刘尚书 . 112
Ao grande Secretário Liu . 113

隔汉江寄子安 . 116
Enviado de longe a Zi'an desde o Rio Hanjiang . 117

情书（一作书情寄李子安）. 118
Carta a Zi'an . 119

访赵炼师不遇 . 120
Visitando Mestra Zhao e não a encontrando . 121

过鄂州 . 122
Passando por E Zhou . 123

和人次韵 . 124
Resposta a um poema . 125

左名场自泽州至京，使人传语 . 126
Carta a um candidato aos exames imperiais . 127

光、威、裒姊妹三人少孤而始妍乃有是作…
因次其韵 . 128
Três lindas irmãs, desde cedo órfãs e poetisas . 129

句 . 132
Fragmentos . 133

Referências bibliográficas . 137

Sobre os tradutores e organizadores . 141

Introdução

Apresentando Yu Xuanji, poetisa chinesa da Dinastia Tang

O primeiro grande poeta chinês a ter sua obra completa traduzida no Brasil é uma mulher. O livro que o leitor tem em mãos reúne a produção da poetisa chinesa Yu Xuanji, da Dinastia Tang, nascida em 844 e falecida, provavelmente, em 869. São 48 poemas, mais cinco fragmentos que restaram de uma obra que terá sido mais extensa.

Yu Xuanji é considerada uma das principais vozes femininas da literatura chinesa. Há uma extensa linhagem de poetisas na China, a qual percorre as diferentes fases de uma literatura milenar, aparecendo nas descrições e antologias quase sempre como corrente paralela ou específica em relação ao tronco principal.

A história da China anterior à fundação da República (1912) é descrita pela sucessão de dinastias nacionais e regionais, cada uma delas marcada por uma identidade cultural. A "idade de ouro" da cultura e da poesia clássica chinesa foi alcançada na Dinastia Tang (618-905 d.C.). A produção poética desse período surpreende pela qualidade e pela quantidade, sendo depositária de uma longa tradição literária e linguística, a qual remonta às primeiras grandes antologias de cantos antigos, o *Shi Jing* [Livro da poesia], compilação da Dinastia Zhou (1045-256 a.C.), e o *Chu Ci* [Cantos do País de Chu], que aparece no período dos Reinos Combatentes (em torno do século IV a.C.).

A popular antologia *Poemas completos da Dinastia Tang* — compilada posteriormente, no século XVII (Dinastia Qing), por ordem imperial — contém aproximadamente 50 mil poemas, escritos por 2.200 autores, dos quais 190 eram mulheres. Muitos escritores e textos não chegaram aos nossos dias. De Yu Xuanji, editou-se, em vida, uma coletânea, que se perdeu. Os 48 poemas que permanecem até nossa época foram compilados na Dinastia Song (960-1279 d.C.).

Na Dinastia Tang, período de intensa vida urbana culta, em que a situação da mulher era bem mais favorável que em outros momentos da história, houve nomes femininos de destaque. Ainda que excluídas do sistema dos exames imperiais que selecionavam a elite dominante e impedidas de exercer funções administrativas, muitas filhas de famílias abastadas podiam adquirir educação e conhecimento literário. Mesmo assim, as moças "de família" não eram encorajadas a escrever poesia e muito poucas recebiam o treinamento literário e artístico requerido de um intelectual na tradição confuciana. Filhas de ricos oficiais do Estado – a classe dominante –, eram, por vezes, aceitas nas escolas de seu clã com os meninos, ou tinham tutores particulares. Geralmente, as mulheres eram educadas o suficiente para exercer funções do lar, sendo útil a leitura de livros sobre a correta conduta feminina, que ensinavam as virtudes da passividade, da modéstia, da moderação e da obediência aos futuros maridos e aos parentes do sexo masculino.

Nessa sociedade, floresceu uma casta de cortesãs cultas recrutadas entre meninas vendidas por causa da pobreza, oriundas de famílias de funcionários caídos em desgraça, ou ainda sequestradas. As mais talentosas eram versadas nas artes clássicas (música, poesia, caligrafia, pintura) e eram tratadas como iguais em discussões e concursos de poesia. Amiúde mais livres que esposas em suas vidas sociais, algumas cortesãs tornaram-se poetisas importantes, como foi o caso de Yu Xuanji. Muitas eram resgatadas por homens ricos e poderosos e se tornavam suas concubinas.

Algumas delas mantinham vínculo servil a um bordel. Poderia ocorrer de famílias ricas manterem em suas propriedades grupos de mulheres com cultura literária — chamadas de "cortesãs da casa" —, as quais trabalhavam como dançarinas e musicistas. Havia também as "cortesãs oficiais", assim chamadas porque atuavam em festividades palacianas ou porque eram ligadas aos mais caros bordéis da capital, sendo requisitadas por funcionários eminentes. Prósperas casas de cortesãs eram mantidas próximas ao local dos exames imperiais, e quando os resultados eram anunciados, ocorriam comemorações. As cortesãs eram chamadas a entreter banquetes no palácio imperial e em residências abastadas.

Também na Dinastia Tang, as sacerdotisas taoistas eram mulheres de vida autônoma, que gozavam de grande liberdade em suas relações sociais. Essas monjas transitavam pela casta das cortesãs, podendo viajar livremente, mudar-se e associar-se a seu bel-prazer. Muitas, especialmente as mais abastadas, participavam ativamente da rica vida cultural e literária da época, mantendo festas e saraus literários em suas residências. Yu Xuanji foi também monja taoista.

A vida e a lenda

Yu Xuanji é uma das poetisas chinesas mais afamadas, inclusive por sua biografia, não obstante pouco se conheça de fidedigno de sua vida além da obra considerada emblemática de uma consciência feminista precursora em relação à modernidade. De grande beleza, culta e dotada de uma inteligência viva, aos 16 anos casou-se como concubina com Li Yi – jovem funcionário provincial e, como ocorria aos membros da elite confuciana, também poeta –, a quem dedica diversos poemas pelo nome Li Zi'an. Tiveram uma relação intensa, alternando momentos de relativa separação e união.

Separou-se definitivamente – ou foi abandonada pelo marido, talvez por exigência da "primeira esposa" – três anos mais tarde, convertendo-se em monja taoista e cortesã. Yu Xuanji é seu nome de monja, tomado no mosteiro; "Xuanji" significa, aproximadamente, "mistério profundo" (o nome tem implicações teológicas referentes ao taoismo). "Yu" (Peixe) é o sobrenome que, em chinês, precede o nome atribuído.

Desde criança, era conhecida como talento poético precoce em Chang'An (hoje Xi'An), então a capital imperial. Aos 12 anos foi tomada como discípula por Wen Tingyun (a quem chamava Feiqing), importante poeta da Dinastia Tang, de quem, em algum momento, pode ter sido também amante. A ele dirigiu e dedicou vários poemas.

Morreu cedo, entre 26 e 28 anos de idade, executada pelo espancamento até a morte de uma noviça sua criada, que competiria com ela por um namorado. O caso, polêmico e duvidoso, teria definido a imagem difamatória que acompanha seu nome pelos séculos. Não são poucos os críticos a sustentarem que a acusação foi infundada e voltada, provavelmente, a castigar exemplarmente uma personalidade que se destacava pela rebeldia, de vida demasiado livre para os padrões de sua sociedade, crítica da condição feminina.

Por sua história de vida, Yu Xuanji acabou sendo assimilada também à literatura, como personagem em obras de outros autores chineses e estrangeiros, em romances, contos, teatro e cinema; porém, nem sempre com apreciação valorativa. De fato, a lenda tem atravessado períodos muitas vezes mais conservadores da sociedade chinesa.

A importância literária de Yu Xuanji

A obra de Yu Xuanji é considerada um marco na poesia chinesa. Segundo Peng Zhixian e Zhang Yi, com ela a poesia de temática amorosa teria encontrado (pela primeira vez que se tenha registro, desde o Shi Jing até a Dinastia Tang) uma expressão afirmativa e explícita; antes não se escrevia sobre amor de maneira tão clara. Daí deriva outra contribuição importante: se o poema clássico chinês é, muitas vezes, referente a episódios ou ocasiões vivenciais, com Yu Xuanji ele assume uma feição autobiográfica, como se incluído em um contexto de "diário", registro de vida. É também uma poesia abertamente sensual, o que também era uma novidade.

A leitura de sua obra completa apresenta uma poetisa elegante, mas capaz de ousadias e provocações; corajosa e desafiadora das convenções sociais, na afirmação franca da sensualidade e do desejo; que demonstrava consciência da tradição e do público a que dirigia sua poesia.

Yu Xuanji

Como voz feminina, é inovadora, assumindo uma dicção assertiva bastante incomum nessa vertente da literatura chinesa, na abordagem da solidão, do amor e do desejo de um ponto de vista da mulher, além de outros temas. Mas gostaríamos de ressaltar em sua obra — mais simplesmente ou antes de considerações de gênero — a poetisa refinada, que dominava os recursos e modelos requeridos à poesia clássica chinesa, nada devendo a outros escritores de seu tempo em técnica, domínio formal e diálogo com a tradição literária.

Yu Xuanji tem merecido uma recepção variada pelo público de diferentes épocas. Na Dinastia Ming (1368-1644), um dos períodos de mais desenvolvida cultura urbana da história chinesa, um grande literato como Zhong Xing chegou a atribuir a Yu Xuanji o epíteto de "shi sheng" (诗圣 – "pessoa sagrada, santa, luminar" da poesia), frequentemente atribuído a Tu Fu (um dos mais importantes poetas da Dinastia Tang).

Yu Xuanji, monja-poetisa taoista

Quanto à inserção na tradição, um aspecto importante que ressalta em muitos de seus poemas é a referência à filosofia taoista. A monja Yu Xuanji teve, como modelo, os filósofos e poetas dessa confissão religiosa, como Li Bai (Li Tai-Po). Não é nosso objetivo aqui tentar apresentar a filosofia e o modo de vida dos mestres taoistas, nem descrever a enorme influência que exerce no imaginário dos chineses esta que é uma das correntes fundamentais de pensamento daquela civilização e que, na época em que vivia a poetisa, era a religião oficial do Estado.

Em linhas gerais, assinalemos, no sentido de situar uma importante referência de sua obra — correndo o risco de algum simplismo —, que os mestres taoistas atribuíam ao vinho a inspiração para o exercício da poesia e dedicavam-se a uma vida não necessariamente de reclusão, mas, sobretudo, de meditação, contemplação da natureza e dissolução na experiência do "Tao", na vivência de uma espiritualidade intensa. Sua experiência inclui uma disciplina monástica, mas tem uma dimensão "dissolutiva", dionisíaca, desregrada.

Notável, entre esses mestres, é o esforço para alcançar a imortalidade. Relativa a esse objetivo de transcendência, há a busca do "elixir da imortalidade", em certas histórias associado com o vinho, o que conduzia a experiências com produtos químicos e medicinais: muitos mestres taoistas do passado eram também médicos, farmacêuticos e químicos.

Na poesia de Yu Xuanji, há, entre outros temas e conceitos taoistas, a exaltação do vinho e da meditação; a ideia recorrente de que "tudo na vida acontece como sucessão de pares opostos (ying e yang)" — alegria e tristeza, prazer e dor...; a referência à imortalidade; a citação de elementos e personagens da mitologia taoista.

Traduzir-recriar poesia clássica chinesa (e Yu Xuanji)

Alguns desafios específicos na tradução da poesia clássica chinesa são colocados por características da língua e pelo alto grau de codificação das formas fixas utilizadas. Muitos recursos dessa poesia são intraduzíveis em si mesmos, principalmente se tomados em conjunto. Uma possibilidade é a tentativa de recriar o efeito desses textos por meio da utilização de recursos sonoros e semânticos de nossa língua, procurando, quando possível e interessante, formas aproximadas ao trabalho formal do texto em chinês.

Tentou-se, sobretudo, evitar que o texto soasse "normal", facilmente assimilável como poesia de nossa cultura, o que frequentemente acaba significando diluição em favor de um modelo considerado mais ou menos "equilibrado" ou reconhecível por um "leitor médio". Por exemplo: traduções de poesia chinesa de alguns eminentes sinólogos ingleses do final do século XIX foram criticadas por poetas imagistas norte-americanos por se assemelharem ao texto poético típico, convencional, da era vitoriana.

Há traduções de poesia clássica chinesa — principalmente das poetisas — que se parecem com a poesia romântica de apelo sentimental e pouca elaboração formal; esse tipo de texto se encontra bastante em traduções para o inglês. "Poesia de mulher"... No limite, seria fazer a produção de Yu Xuanji soar como poesia lírico-amorosa fácil e mal escrita, pela frouxidão do verso livre obtido na tradução literal ou puramente conteudística.

Não é possível realizar uma tradução poética interessante que parta para a reprodução literal do conteúdo em detrimento da forma. Construído por conotação, em texto densificado pelo jogo de metáforas e metonímias, pelo trabalho artístico sobre o significante, o significado poético estará, muitas vezes, "além do texto", dos conteúdos expressos. E se fosse possível traduzir "apenas conteúdos", ou literalmente palavra por palavra, mais se perderia do que se salvaria da significação do original.

A impossibilidade da tradução literal-conteudística do texto poético fica mais evidente quando se trata de poesia chinesa, pela diferença radical de estrutura da língua chinesa em relação às ocidentais. A linguagem chinesa é baseada no caractere, o sinograma, ideogrâmico e sintético. Ao contrário da língua ocidental — na qual a fala é consideravelmente divorciada e independente da escrita —, o chinês se realiza na síntese ideológica e sonora do caractere, que pode condensar frases inteiras e representar contextos em uma sílaba, em acumulações de processos metafóricos. As reflexões de Ezra Pound, baseado em Ernest Fenollosa, trazem pistas interessantes para se começar a pensar nessa questão.

Ao contrário do que por vezes se propala em algumas escolas de tradução, parece-nos que um poema clássico chinês não necessariamente *"soa algo natural em língua chinesa"* e, portanto, não *"deverá soar naturalmente em português quando traduzido para nossa língua"*. O poema clássico chinês é um espaço linguístico alterado, segundo princípios bem definidos; frequentemente, constrói um ambiente distante da linguagem "natural".

Isso não chega a ser novidade. O poema clássico português também é um ambiente linguístico "artificial": um poema de Camões é uma estrutura rigidamente construída, uma composição musical. Se formos mais longe — até, por exemplo, o conceito de "estranhamento" no fenômeno poético, dos formalistas russos —, consideraremos, inclusive, que só há efeito poético na alteração do uso comum, prosaico da linguagem, mesmo que o poema se utilize da coloquialidade em uma "aparente" rendição ao uso comum, como, por exemplo, em muitos textos de Mario Quintana ou outros da poesia modernista. Mas no caso chinês, temos um alto grau de elaboração codificada, reproduzida por milhares de poetas, construída e refinada no decorrer de uma tradição extensa.

A ideia (ou a meta que esperamos ter aproximado em alguma medida) é uma recriação que seja "estrangeirizante" do texto resultante em português.[1] O poema estrangeiro amplia o repertório de minha língua; expande, modifica, afeta o texto dela. O poema estrangeiro deve ser traduzido como trazendo algo novo a minha língua, para além da reiteração do conhecido. Ou, conforme a fórmula feliz de Haroldo de Campos: "tradução é a inscrição de um outro dentro do mesmo".[2]

Alguns aspectos específicos da tradução da poesia de Yu Xuanji

1. Métrica fixa, esquema sonoro e visual: a poesia clássica chinesa segue esquemas sonoros fixos (ou melhor: de uma variabilidade fixa, ou codificada); há rigor métrico, esquemas sonoros específicos quanto à rima de final de verso, intensa aliteração, padrões tonais (a língua é tonal, o que também é um recurso incorporado na poesia); esquema visual (propiciado pela visualidade dos caracteres chineses). Um poema clássico é, portanto, o cruzamento de códigos sonoros e visuais complexos, intraduzíveis em sua totalidade.

Daí, parecem-nos atraentes e até irresistíveis os esforços de tradução que privilegiam a invenção de uma reprodução do efeito visual (via poesia concreta, como fazem, por exemplo, Augusto e Haroldo de Campos). Seriam interessantes traduções que realizassem, ainda, experiências de reconstrução radical do efeito sonoro, inclusive com o inconcebível (em língua

---

[1] Ver o conceito de *foreignizing translation* exposto por Christine Froula, The Beauties of Mistranslation: On Pound's English after Cathay. In: Qian (org.), *Ezra Pound and China*.

[2] Maciel, *Desafios da tradução criativa*: invenção, transfingimento e cruzamentos culturais.

portuguesa) esquema tonal – o que levaria a experiências de tradução apoiadas em partitura e formas de execução musical.

Em Ezra Pound e nos imagistas-vorticistas norte-americanos, que inauguraram essa visão de tradução no século XX, justamente a partir da assimilação da poesia chinesa e japonesa, o que existe são experiências de tradução prioritariamente "textual-fonética" (isto é, valendo-se do código regular da escrita ocidental, fonética), mas onde buscam reinventar o efeito sonoro e visual do poema original chinês por recursos do verso livre e pela construção da imagem. O próprio programa do imagismo-vorticismo norte-americano é baseado na noção do verso livre, o que certamente foi determinante para a opção por esse modelo de versificação nas traduções do chinês que realizaram, por exemplo, Ezra Pound ou Amy Lowell.[3]

Nosso trabalho vale-se dos mesmos princípios e também procura o que os mesmos imagistas norte-americanos chamaram de "tradução transcultural". Assim, compreenda-se nossa opção pelo verso fixo e rimado não como a tentativa de realizar um texto "pré-moderno", mas como esforço "modernista" de transposição do efeito sonoro-imagístico do original, na criação, em português, de "duplos" referenciados nas estruturas dos poemas clássicos chineses. Não seria uma impropriedade afirmar que, no modernismo brasileiro, o uso das formas fixas é mais consagrado do que no estadunidense. Trabalhando sobre a tradição brasileira, pensamos que um poema chinês clássico deve, traduzido para nossa língua, soar algo estranho ou "desviante", e nos pareceu que chegaríamos mais perto desse efeito a partir da invenção de um texto construído em imitação (ou

---

3 Ver Xie, *Ezra Pound and the Appropriation of Chinese Poetry*.

referenciado, mas com estranhamento, "chinesamento") da fixidez do poema clássico português.

Quanto à forma fixa do verso chinês clássico, o poema, conforme praticado por Yu Xuanji, é feito com versos de cinco ou de sete sílabas (o que equivale aproximadamente ao mesmo número de caracteres). Em nossa tradução, transformamos para a língua portuguesa, em geral, os versos chineses de cinco sílabas em decassílabos; os de sete sílabas do original passaram para onze ou doze sílabas. Essa escolha não é tão arbitrária: se quantificarmos os "morfemas" nos versos chineses (isto é, as unidades de significante-significado que compõem palavras, naquela língua que é, basicamente, monossilábica e não flexional), chegaremos aproximadamente a uma duplicação silábica em português, língua latina flexional (de frases muito longas, quando comparadas às chinesas). Interessante o fato de que, justamente, o verso clássico português é, por excelência, o decassílabo.

2. Aspectos sintático-semânticos: observe-se que, na poesia clássica chinesa, há também um "esquema sintático-semântico", do qual um dos aspectos mais notáveis é a supressão das "palavras vazias" (nexos, conexões, pronomes) e a ênfase às palavras "cheias" (nomes e verbos ativos). O sentido disso é o deslocamento do "eu-lírico" e a instauração de uma "objetivação" da linguagem. Esse modelo deixou marcas na poesia de países cujas culturas foram influenciadas pela China, em especial pela Dinastia Tang – por exemplo, a objetividade do haicai japonês lhe é tributária. A objetivação do texto pelo deslocamento, ou não explicitação, do eu-lírico é um recurso praticado pela poesia contemporânea ocidental e brasileira, o qual procuramos ter como parâmetro em várias de nossas traduções.

Há também uma repetição de metáforas estereotipadas — salgueiros como tristeza da despedida; patos-mandarins como signo do amor conjugal para toda a vida; gansos e peixes como mensageiros; e outras. Na verdade, pela estrutura do texto, o método de composição não seria exatamente metafórico. O verso compõe-se mais por justaposição ou contiguidade de elementos do que por hierarquização. Muitas dessas metáforas seriam talvez mais bem descritas como "algo que beira a metonímia".

3. Aspectos semânticos — intertextualidade: mesmo o chinês falado no dia a dia faz recurso à intertextualidade, em uma linguagem cheia de citações, referências a episódios históricos e fórmulas estereotipadas. Os poetas clássicos citam-se uns aos outros, além de filósofos, intelectuais notáveis e episódios históricos. O recurso a referências é particularmente utilizado por Yu Xuanji, o que é, inclusive, objeto de artigos acadêmicos. A opção por, simplesmente, suprimir essas referências seria empobrecedora, pois elas, por vezes, abrem para significações importantes e até necessárias para a compreensão de poemas — há textos cujo objeto é um episódio histórico, por exemplo.

O uso de notas de rodapé, portanto, foi indispensável algumas vezes. Entretanto, a distância que temos, no Brasil de hoje, do contexto linguístico-cultural desses poemas chineses do século IX é tamanha que, se fôssemos levar à risca a necessidade de reconstruir aquele contexto por notas explicativas, faríamos uma edição que teria, talvez, algum valor como pesquisa filológica, mas seria impraticável como livro de poemas que "funcionem" para o leitor da língua portuguesa do século XXI. ("Imaginar uma língua significa imaginar uma forma de vida" — Wittgenstein.)

Assim, fizemos também, muitas vezes, a opção por contornar a referência intertextual, na reconstrução do efeito poético do original, ou então por apoiar o texto no universo cultural e literário do Brasil e da tradição poética da língua portuguesa. Em alguns casos, o original chinês trouxe aos tradutores uma associação a um ou mais textos de nossa cultura que se impuseram por sua própria força. Um exemplo é "Compartilhando um luto", poema no qual a associação com *Antígona*, de Sófocles (a cena do encerramento na caverna), nos veio à mente durante o processo de tradução.

Há outros casos em que as associações são menos espontâneas ou difusas. Assim, a recriação de "O Templo Zifu" alude a soluções encontradas em traduções conhecidas de haicai japonês em português. "Improviso do final da primavera"; "Carta a um candidato aos exames imperiais..." e vários outros apontam para uma marca simbolista, com algum recurso a Rimbaud, algo do modernismo com traços simbolistas de Cecília Meireles ou Mario Quintana. "Para Feiqing em uma noite de inverno", "Deixando-se levar" e outros são poemas em estilo bastante contemporâneo, "pós-tropicalista", com alusões à cultura brasileira, a informações da cultura de massas e mesmo da propaganda comercial. Um caminho semelhante trilhará a tradução de "A uma garota do bairro", cuja coloquialidade e oralidade se aproximam de certos textos da poesia contemporânea posterior aos anos 1970 no Brasil. Haverá também aqui e ali "quase citações" de Camões pelos poemas.

Propor-se ousadia na assimilação e reprodução de modelos clássicos é também uma forma de honrar uma poetisa como Yu Xuanji. Isso contribui para nosso objetivo maior neste livro, qual seja, oferecer boas traduções de sua poesia, o que compreendemos como (1) a reprodução, para a literatura brasileira de hoje, do efeito poético dos originais e (2) a reconstituição da informação originalmente presente nesses textos, o que envolveu alguma pesquisa a estudiosos, principalmente chineses, mas também de língua inglesa.

Há grandes diferenças entre as traduções disponíveis, mesmo em uma mesma língua (em inglês), tanto na "forma" – o que mais diz respeito à questão (1), o efeito poético –, quanto em relação ao "conteúdo" – a questão (2). Se toda tradução poética será, em princípio, uma "traição", traduzir Yu Xuanji – e poesia clássica chinesa – para uma língua ocidental é, a rigor, a construção de uma imagem a mais aproximada possível de processos de significação cujos rastros se desvanecem, algo como a ficção de uma quase arqueologia.

Uma observação final sobre a notação chinesa: nos poemas originais de Yu Xuanji, optamos por seguir a norma atual da China continental. Assim, os caracteres são os modernos, simplificados, e há o recurso a sinais gráficos de pontuação – ausentes no texto original, em chinês antigo. Na romanização de palavras chinesas, seguimos o sistema *pinyin*, da República Popular da China.

Yu Xuanji
Poesia completa

⌁

[...] *Homens do passado, homens de hoje,*
como uma torrente que flui.
Todos contemplam a lua, todos como agora...

Li Bai (Li Tai-Po),
traduzido por Cecília Meireles

Yu Xuanji

【赋得江边柳】

翠色连荒岸,
烟姿入远楼。
影铺秋水面,
花落钓人头。
根老藏鱼窟,
枝低系客舟。
萧萧风雨夜,
惊梦复添愁。

Para os salgueiros junto ao rio[1]

Vultos em jade às margens devolutas
à névoa assombram pavilhões distantes
Reflexos deitam-se no rio do outono
e flores descem sobre os pescadores
Peixes ocultam-se às raízes densas
enlaçam os ramos barcos visitantes
Respiração da noite, a chuva e o vento
ecoam tristes sonhos revolutos

---

[1] Salgueiros (salsos-chorões) são uma metáfora recorrente de despedida e tristeza de separação na poesia chinesa clássica. Frequentemente, como aqui, eles aparecem atrasando o movimento dos barcos, emaranhando-se nos remos.

Yu Xuanji

【寄飞卿】

阶砌乱蛩鸣,
庭柯烟露清。
月中邻乐响,
楼上远山明。
珍簟凉风著,
瑶琴寄恨生。
嵇君懒书札,
底物慰秋情。

Para Feiqing

Grilos cricrilam nos degraus de pedra
Orvalho novo recobre os arbustos
Bem perto à luz do luar soa música
Montanhas: sombras, do terraço, ao longe
Vem brisa fresca deitar-se na esteira
Jade frio corta entre as notas à cítara
Preguiça tens de escrever, Mestre Ji![1]
Nenhum consolo terei neste outono

---

[1] Trata-se de Wen Feiqing (o poeta Wen Tingyun). Para elogiá-lo neste poema, Yu Xuanji "toma emprestado" o nome de Ji Kang (223-263), personagem histórico politicamente rebelde e que, como Wen Tingyun, confrontava poderes constituídos.

Yu Xuanji

【卖残牡丹】

临风兴叹落花频,
芳意潜消又一春。
应为价高人不问,
却缘香甚蝶难亲。
红英只称生宫里,
翠叶那堪染路尘。
及至移根上林苑,
王孙方恨买无因。

Vendendo peônias murchas[1]

O rosto ao vento, a suspirar, pétalas caem
e vai-se outra primavera em seus odores
Hoje ninguém as quer comprar, dizem-nas caras
Intenso, afasta as borboletas, seu aroma
Pétalas rubras, só crescessem em palácios
Folhas de jade, vão tingir-se ao pó da estrada?
Antes se transplantarem a imperiais vergéis
e as colheriam belos jovens em cortejo

---

1 Este é um dos poemas mais conhecidos de Yu Xuanji. A peônia é flor muito apreciada e considerada elegante, sendo associada ao Imperador e ao Império chinês.

Yu Xuanji

【江陵愁望寄子安】

枫叶千枝复万枝,
江桥掩映暮帆迟。
忆君心似西江水,
日夜东流无歇时。

Carta a Li Zi'an, olhando a distância desde Jiangling

Folhas de bordo, milhares, ramo após ramo
no rio, às pontes. Poente, e os barcos não chegam.
Flui dia e noite, Senhor, o rio: meu desejo
oeste a leste não para, nem um descanso.

Yu Xuanji

【闺怨】

蘼芜盈手泣斜晖,
闻道邻家夫婿归。
别日南鸿才北去,
今朝北雁又南飞。
春来秋去相思在,
秋去春来信息稀。
扃闭朱门人不到,
砧声何事透罗帏。

O quarto solitário

Choro, recolhe-se o sol: só ervas nas mãos[1]
Ouço: à casa vizinha o marido retorna
Dias atrás os cisnes perderam-se ao norte
Hoje nos chegam os gansos, estes viajantes

Vem primavera, antes outono e somente
resta a saudade, não há notícia, nem carta
Melhor cerrar a porta, por que se ocupar
bater as roupas, juntá-las? Há mais ninguém

---

[1] No original chinês, a mulher recolhe 蘪芜 (mí wú), erva que, na medicina tradicional, é utilizada para auxiliar a fertilidade feminina.

Yu Xuanji

【早秋】

嫩菊含新彩,
远山闲夕烟。
凉风惊绿树,
清韵入朱弦。
思妇机中锦,
征人塞外天。
雁飞鱼在水,
书信若为传。

Início do outono

Brilham os novos botões de crisântemo
Ao poente a névoa oculta as montanhas
No verde às árvores um vento frio
nas cordas ressoa uma canção límpida
Mulheres: a espera junto ao tear
Aos homens, a marcha além da Muralha[1]
As aves no céu; aos peixes, o rio[2]
Ficam as cartas a meio caminho

---

1 A Grande Muralha demarcava a fronteira Norte do Império, de onde vinham invasões de povos não chineses.
2 Pássaros (especialmente gansos) e peixes, animais que realizam migrações por grandes distâncias pelo ar e pela água, são metáforas recorrentes de mensageiros na poesia clássica chinesa.

Yu Xuanji

【寄国香】

旦夕醉吟身,
相思又此春。
雨中寄书使,
窗下断肠人。
山卷珠帘看,
愁随芳草新。
别来清宴上,
几度落梁尘。

Para Guo Xiang[1]

Manhã à noite, beber e cantar
Esta saudade vem com a primavera
À chuva foi-se o mensageiro, a carta
Junto à janela ficou sofrimento
Veem-se entre as contas da cortina os montes
Dores recordam-se ao odor da grama
E àquela festa finda, à despedida,
quanta poeira desabou dos caibros[2]

---

1 Guo Xiang seria, segundo comentaristas, uma companheira cortesã.
2 Os antigos pavilhões chineses tinham caibros, vigas horizontais que sustentavam o teto. A imagem significa que a despedida foi tão intensa que chegou a derrubar a poeira das vigas.

Yu Xuanji

【赠邻女】

羞日遮罗袖,
愁春懒起妆。
易求无价宝,
难得有心郎。
枕上潜垂泪,
花间暗断肠。
自能窥宋玉,
何必恨王昌。

A uma garota do bairro

A manga esconde em gaze o dia, tímida
É primavera, há que maquiar-se
Dar com tesouros sem preço: isso é fácil
Achar o amante certo, tão difícil
No travesseiro as lágrimas se ocultam
e em meio às flores cala-se a paixão
Se poderia encontrar um Song Yu[1]
não vale a pena chorar um Wang Chang

---

[1] Song Yu foi um importante poeta do período dos Reinos Combatentes (475-221 a.C.). Teria sido um homem elegante e de forte presença, a quem era atribuída fama de libertino. Wang Chang é um nome usado frequentemente na poesia da Dinastia Tang para um rapaz bonito, mas sem muita densidade.

Yu Xuanji

【送别】

（一）

秦楼几夜惬心期，
不料仙郎有别离。
睡觉莫言云去处，
残灯一盏野蛾飞。

Dizendo adeus (I)

Acreditava intermináveis as noites
neste quarto, entre delícias. Mas viajas,
nuvens erram. Deito só e não reajo,
fina-se a lâmpada; em torno, a mariposa.

Yu Xuanji

【送别】

(二)

水柔逐器知难定，
云出无心肯再归。
惆怅春风楚江暮，
鸳鸯一只失群飞。

Dizendo adeus (II)

Eira nem beira, a água segue a si mesma
Nuvens vêm sem aviso, vão sem promessas
Longa é a primavera no Grande Rio[1]
só, sem o par, nada um pato-mandarim[2]

---

[1] O Grande Rio é chamado impropriamente de Yang-tse pelos ocidentais (este último é, a rigor, um afluente seu).
[2] Patos-mandarins – "鸳鸯", *yuan yang* – são pássaros conhecidos por acasalarem de maneira estável pela vida toda. Na poesia chinesa clássica, são metáfora recorrente do amor conjugal e da fidelidade.

Yu Xuanji

【愁思】

落叶纷纷暮雨和,
朱丝独抚自清歌。
放情休恨无心友,
养性空抛苦海波。
长者车音门外有,
道家书卷枕前多。
布衣终作云霄客,
绿水青山时一过。

Pensamentos de melancolia

Folhas caindo, uma a uma, à chuva, ao sol-pôr
Nítida, ascende entre as cordas: voz solitária,
vívido canto, à falta de amigos, amores
nunca esmoreças, joga as tristezas ao mar

Às portas do templo, em fila, ricas carruagens
Livros do Tao empilham-se na cama ao léu
Pobres em seus andrajos irão para o céu?
Águas, montanhas: tudo o que há passará

Yu Xuanji

【暮春有感寄友人】

莺语惊残梦，
轻妆改泪容。
竹阴初月薄，
江静晚烟浓。
湿觜衔泥燕，
香须采蕊蜂。
独怜无限思，
吟罢亚枝松。

Comovida ao final da primavera: a um amigo

Esvai-se o sonho no arrulhar dos pássaros
mas leve maquiagem basta às lágrimas
À sombra dos bambus a lua afina-se
ao rio quieto aguça-se a neblina
Andorinhas barro a seus bicos portam
abelhas colhem nas antenas pólen
É desde sempre só, este lamento
entre pinheiros dóceis, confidentes

Yu Xuanji

【冬夜寄温飞卿】

苦思搜诗灯下吟,
不眠长夜怕寒衾。
满庭木叶愁风起,
透幌纱窗惜月沈。
疏散未闲终遂愿,
盛衰空见本来心。
幽栖莫定梧桐处,
暮雀啾啾空绕林。

Para Feiqing em uma noite de inverno

Baixa poema invoco-te à luz da lanterna
à noite insone renego o frio das cobertas
Folhas ocupam o pátio como ao vento a dor
Entre as cortinas em gaze a lua declina
Triste a seguir a estrada uma estranha até o fim
em florescer e murchar conhece-se a flor
mesmo desconhecido seu pouso entre os plátanos
Encerra a tarde um arco os pardais em alarde

Yu Xuanji

【酬李学士寄簟】

珍簟新铺翡翠楼,
泓澄玉水记方流。
唯应云扇情相似,
同向银床恨早秋。

Agradecendo a Li Zi'an por seu presente de uma esteira de bambu[1]

Estende-se a preciosa esteira no chão duro
como se claro rio de jade, ângulos retos.
Une-se ao leque feito em nuvens, frente ao incerto:
da cama em prata vê-se o outono prematuro.

---

1 Esteiras de bambu, usadas para recobrir o chão, para sentar-se ou dormir, são objetos de artesanato bastante apreciados na China, sendo algumas bastante sofisticadas. Neste poema, a fina esteira é descrita como presente que antecipa o término do relacionamento ("outono prematuro").

Yu Xuanji

【秋怨】

自叹多情是足愁,
况当风月满庭秋。
洞房偏与更声近,
夜夜灯前欲白头。

Lamento de outono

Pesa a paixão, amar é sofrer sozinha
Mais, se é outono: vento, luar tomam o pátio
Canta o vigia[1] as horas junto a meu quarto
Tinge-se meu cabelo à branca luz fria

---

[1] Em Chang'An, havia vigias noturnos que faziam ronda junto às casas e "cantavam" a passagem das horas.

Yu Xuanji

【寓言】

红桃处处春色,
碧柳家家月明。
楼上新妆待夜,
闺中独坐含情。
芙蓉月下鱼戏,
螮蝀天边雀声。
人世悲欢一梦,
如何得作双成。

Uma alegoria

A primavera às flores de pêssego espalha-se
Em todo pátio à lua cintilam os salgueiros
Cá em cima estou, no quarto, perfeita a maquiagem
recém-vestida, à espera da noite, o silêncio
Ao lago sob as flores de lótus os peixes
Em volta do arco-íris revoam pardais
Tudo nesta vida é sonho, alegria ou pena
vêm-nos aos pares; possa eu por fim acordar

Yu Xuanji

【寄子安】

醉别千卮不浣愁,
离肠百结解无由。
蕙兰销歇归春圃,
杨柳东西绊客舟。
聚散已悲云不定,
恩情须学水长流。
有花时节知难遇,
未肯厌厌醉玉楼。

Para Li Zi'an

O vinho não lavaria a dor, nem mil cálices
desatariam os cem nós no peito à partida
É primavera, orquídeas[1] recobrem o pátio
Salsos-chorões detêm o caminho dos barcos
Ir ou ficar? Esvai-se uma nuvem sem forma
Pudera amor imitar o rio, seu fluir
Brotam as flores, assim é a estação do encontro
Quem beberia sozinha à sala de jade?[2]

---

1 Orquídea ("蕙兰", *huilan*) era um dos nomes de Yu Xuanji (na época, era comum as pessoas terem diversos prenomes).
2 "Sala de jade", assim denominada por ser finamente decorada, era uma sala interna ou íntima, que ocupava um andar superior nas casas abastadas.

Yu Xuanji

【游崇真观南楼，睹新及第题名处】

云峰满目放春晴，
历历银钩指下生。
自恨罗衣掩诗句，
举头空羡榜中名。

Visitando o pavilhão sul do Templo Chongzhen — onde são divulgados os resultados dos exames para o serviço público[1]

Nuvens nos picos, a primavera no olhar
Prata entre os dedos, a clara caligrafia
Pena: os robes em seda me cobrem a poesia
Elevo a fronte: seus nomes, resta-me honrar

---

1 Este é um dos poemas mais citados de Yu Xuanji. Descrevendo a divulgação dos aprovados nos exames imperiais, ela — poetisa, calígrafa — lamenta não ter direito a prestar o concurso, por ser mulher. A densidade e a ambivalência do terceiro verso, associando a poesia ao próprio corpo e à sensualidade, que a um só tempo são velados e se afirmam, é ressaltada por estudiosos. O poema realiza o ideal clássico da pintura em versos: dos montes, as nuvens "baixam", dissolvem-se em traços caligráficos, o que é representado pelo rigoroso paralelismo dos dois primeiros versos. A caligrafia é "prata", no que há, também, um sentido de preciosidade: a caligrafia chinesa mais habilidosa e experiente é difusa e volueante, confundindo-se com o movimento das nuvens e da natureza.

Yu Xuanji

【代人悼亡】

曾睹夭桃想玉姿,
带风杨柳认蛾眉。
珠归龙窟知谁见,
镜在鸾台话向谁。
从此梦悲烟雨夜,
不堪吟苦寂寥时。
西山日落东山月,
恨想无因有了期。

Compartilhando um luto

Lembro a elegância como um jade, a pele em pêssego
salgueiros tímidos ao vento, as sobrancelhas
Encerra a gruta do dragão aquela pérola
À base em fênix, só, na alcova resta o espelho
a repetir o sonho à noite, em chuva e névoa
não mais que a dor insuportável, sem parelho
A leste e oeste, agudas, fecham-se montanhas
ao sol, à lua: nunca mais uma esperança

Yu Xuanji

【折杨柳】

朝朝送别泣花钿，
折尽春风杨柳烟。
愿得西山无树木，
免教人作泪悬悬。

Partindo galhos de salgueiro[1]

Cada manhã, um novo adeus. Recolho lágrimas,
como se joias, raras flores, nos salgueiros.
Quisera estéril a montanha à primavera,
nenhuma árvore, ninguém para chorar.

---

[1] Salgueiro como tristeza da despedida. Cf. a nota 1, p.31, do poema "Para os salgueiros junto ao rio".

Yu Xuanji

【和新及第悼亡诗二首】

(一)

仙籍人间不久留,
片时已过十经秋。
鸳鸯帐下香犹暖,
鹦鹉笼中语未休。
朝露缀花如脸恨,
晚风欹柳似眉愁。
彩云一去无消息,
潘岳多情欲白头。

*A partir de poema de um recém-aprovado
candidato ao serviço público, em luto
pela morte de sua mulher*

(I)

Aos imortais perdem-se as coisas deste mundo
Outonos passam como apenas um momento
Fica às cobertas o calor do amor recente
Do papagaio à jaula o eco ainda circunda

O orvalho cobre as flores, rostos que se velam
O vento verga em sobrancelhas os chorões
Nuvens dissipam-se entre cores, tornam à sombra
Pan Yue[1] lamenta e seu cabelo acolhe a neve

---

1 Pan Yue (247-300) foi um poeta da Dinastia Jin (265-316, Jin do Oeste) famoso por sua beleza e pela poesia de luto e melancolia. Seus "Três poemas para minha esposa morta" são particularmente aclamados. Sobre ele se diz que, quando da morte da esposa, seu cabelo tornou-se branco da noite para o dia. Sua história pessoal é associada ao amor inconsolável diante da morte e entregue a um luto infindável – em Yu Xuanji, há um sentido de entrada na imortalidade pelo luto, que projetaria o amor para além "desta" vida.

Yu Xuanji

(二)
一枝月桂和烟秀,
万树江桃带雨红。
且醉尊前休怅望,
古来悲乐与今同。

(II)

Da cássia, um galho ergue-se à lua, encontra a névoa
Vermelho à chuva: ao rio, mil pessegueiros brotam
À frente, ofertam vinho; aceita, enche teu copo:
são alegria e dor unidas pelos séculos

Yu Xuanji

【江行】

（一）
大江横抱武昌斜，
鹦鹉洲前户万家。
画舸春眠朝未足，
梦为蝴蝶也寻花。

（二）
烟花已入鸬鹚港，
画舸犹沿鹦鹉洲。
醉卧醒吟都不觉，
今朝惊在汉江头。

Viajando pelo Grande Rio

(I)

O Grande Rio faz a curva e abraça Wuchang
Ilha do Papagaio, mil casas levantam-se
à primavera. Tão cedo, a barcaça dorme
e sonho: sou borboleta, procuro as flores.

(II)

Surge à neblina a Enseada do Cormorão
e ainda há pouco era a Ilha do Papagaio!
Bêbada ou sóbria, cantei, e o tempo deságua
já quase em terra e à boca do Rio Hanjiang.

Yu Xuanji

【次韵西邻新居兼乞酒】

一首诗来百度吟,
新情字字又声金。
西看已有登垣意,
远望能无化石心。
河汉期赊空极目,
潇湘梦断罢调琴。
况逢寒节添乡思,
叔夜佳醪莫独斟。

Em resposta a poema de meu novo vizinho a oeste, convidando-o e pedindo-lhe vinho

Teu poema chegou e cantei-o cem vezes
cada novo sentido em um som como ouro
Busco oeste: estou pronta a vencer tua cerca
À distância, não vai o coração virar pedra?
É tão longe a Via Láctea, vazio o horizonte[1]
Desafina-se a cítara e os rios se acordam
Tremo à falta de casa neste inverno frio
Tens bom vinho: esta noite, não bebas sozinho!

---

1 Referência à lenda do Dia dos Namorados chinês – o vaqueiro e a princesa tecelã do céu. Cf. a nota 1, p. 97, do poema "O templo da lavadora de seda".

Yu Xuanji

【遣怀】

闲散身无事,
风光独自游。
断云江上月,
解缆海中舟。
琴弄萧梁寺,
诗吟庾亮楼。
丛篁堪作伴,
片石好为俦。
燕雀徒为贵,
金银志不求。
满杯春酒绿,
对月夜窗幽。
绕砌澄清沼,
抽簪映细流。
卧床书册遍,
半醉起梳头。

Deixando-se levar

Nenhum laço me prende; sempre livre,
vou sem destino, leve entre as paragens
Nuvens se abrem entre lua e rio,
amarras frouxas, barco em pleno mar
No Templo Liang,[1] tanger o alaúde,
no pavilhão recita-se o poema
Ter por abrigo as grutas de bambus
e nas veredas, pedras companheiras
Preciosos são o pardal, a andorinha
São ar a prata e o ouro, seus castelos
A primavera oferta verde o vinho,[2]
à noite a lua aquieta-se à janela
O passo estanca à fonte transparente
e em seu espelho, à imagem, deixo o grampo
Na cama, ébria, os livros me rodeiam
Cabelo aliso ao pente, enfim levanto-me

---

1 Como o Imperador Wu, da Dinastia Liang, ligado à família Xiao, foi um dos primeiros grandes patronos do budismo na China, "Templo Xiao--Liang" era, por metonímia, um nome genérico para templos budistas.
2 O vinho verde é uma metáfora recorrente na poesia clássica chinesa e simboliza juventude, exuberância juvenil.

Yu Xuanji

【寄题炼师】

霞彩剪为衣,
添香出绣帏。
芙蓉花叶□,
山水帔□稀。
驻履闻莺语,
开笼放鹤飞。
高堂春睡觉,
暮雨正霏霏。

A um mestre alquimista[1]

Nuvens de cores recortam-se em roupas
Desde véus bordados, o odor do incenso
Flores e folhas de lótus desenham-se
sobre a paisagem, delicada capa
Cessa todo passo ao cantar dos pássaros
Abre-se a gaiola, é liberto o grou
Primavera: deitar-se, o teto é alto
só acordar à chuva, ao final da tarde[2]

---

1 No original em chinês falta um caractere no terceiro e no quarto versos. "Mestre alquimista", como traduzimos, a exemplo de outros autores — "炼师", *lianshi* –, é a profissão de alguns monges taoistas que se dedicavam a trabalhos químicos, principalmente ao refino e à preparação de remédios e beberagens, mas também corantes e outros materiais. Ainda que o termo "alquimista" seja a tradução recomendada mesmo por bons dicionários, esta ainda nos causa algum estranhamento.
2 Segundo estudiosos, as imagens dos dois últimos versos são alusões implícitas ao ato sexual.

Yu Xuanji

【题隐雾亭】

春花秋月入诗篇,
白日清宵是散仙。
空卷珠帘不曾下,
长移一榻对山眠。

Inscrito em um pavilhão em meio à neblina

As flores na primavera, a lua de outono
entram à poesia. Nos claros dias e noites
habitam os deuses. Subo as cortinas, mantenho-as
todas abertas: a cama encare as montanhas.

Yu Xuanji

【和友人次韵】

何事能销旅馆愁,
红笺开处见银钩。
蓬山雨洒千峰小,
嶰谷风吹万叶秋。
字字朝看轻碧玉,
篇篇夜诵在衾裯。
欲将香匣收藏却,
且惜时吟在手头。

Em resposta a poema de um amigo

Tristemente ficar neste quarto de hotel
e ao abrir esta carta: tua letra ao papel
Cai a chuva em Penglai,[1] se apequenam mil montes
sopra o vento no vale, em mil folhas o outono
Pela manhã reler, as palavras são jade
De noite na cama, recitar cada página
Levarei teu poema embalado no sândalo
e agora o mantenho entre a mão e meu canto

---

1 O Monte Penglai, além do Mar do Leste da China, era a morada dos imortais taoistas.

Yu Xuanji

【打球作】

坚圆净滑一星流,
月杖争敲未拟休。
无滞碍时从拨弄,
有遮栏处任钩留。
不辞宛转长随手,
却恐相将不到头。
毕竟入门应始了,
愿君争取最前筹。

Olhando-os jogar polo

Desliza a bola, um cometa, macia roda
Batem-se os tacos, luas crescentes às pontas
Correm os homens, atiram-se uns contra os outros
Vejo-os por trás; do cercado, jogo meu olho
À frente a bola salta-lhes, cortam-se em círculos
Como se nem desejassem marcar, parecem
Mas iniciado este jogo, irão até o fim
E vença o melhor: a este, espera uma prenda

Yu Xuanji

【闻李端公垂钓回寄赠】

无限荷香染暑衣，
阮郎何处弄船归。
自惭不及鸳鸯侣，
犹得双双近钓矶。

Ao saber que o oficial Li havia retornado de uma pescaria

O olor do lótus assenta-lhe à cor das roupas
Conduza o verão seu barco ao ancoradouro
Quisera a vida destes patos-mandarins[1]
sempre a nadar com seu par junto à pescaria

---

1 Patos-mandarins: cf. a nota 2, p.49, do poema "Dizendo adeus (II)".

Yu Xuanji

【酬李郢夏日钓鱼回见示】

住处虽同巷,
经年不一过。
清词劝旧女,
香桂折新柯。
道性欺冰雪,
禅心笑绮罗。
迹登霄汉上,
无路接烟波。

Poema para Li Ying, em resposta a seu "Pescar no verão"[1]

Neste bairro moramos, mesma rua
e o ano inteiro: ver-nos, vez nenhuma
À amiga antiga envias o poema
e novos ramos crescem à alfazema
O Tao é simples como a neve, o gelo
desdenha o preço desta gaze e a seda
Passos que sobem aos mais altos picos
perdem de vista as vagas, a neblina

---

1 Este poema e o anterior são dedicados ao mesmo amigo, Li Ying, que teria "subido a altos picos", isto é, avançou rapidamente na carreira administrativa e subiu socialmente, distanciando-se de Yu Xuanji.

Yu Xuanji

【题任处士创资福寺】

幽人创奇境，
游客驻行程。
粉壁空留字，
莲宫未有名。
凿池泉自出，
开径草重生。
百尺金轮阁，
当川豁眼明。

O Templo Zifu, fundado pelo eremita Ren

Ergueu o templo um homem solitário
e hoje é descanso a viajantes — pouso —
Deixam seus nomes vãos à porta, ao lótus[1]
deitam-se escritos nas paredes brancas
As águas correm para o velho tanque
A relva próxima ao caminho brota
Cem pés é alto o pavilhão de ouro
e em frente ao rio, todo brilho, claro

---

[1] É imagem recorrente na poesia clássica chinesa a referência a um templo como "palácio do lótus".

Yu Xuanji

【重阳阻雨】

满庭黄菊篱边拆,
两朵芙蓉镜里开。
落帽台前风雨阻,
不知何处醉金杯。

No Festival do Nove-Duplo,[1] sob a chuva

A sebe derrama-se — amarelo — crisântemos
A flor encontra outra flor — neste espelho, um eco
Junto ao terraço, sob chuva e vento, o chapéu
caiu-me, o cálice em ouro não mais alcanço

---

1 O Festival popular Nove-Duplo cai no nono dia do nono mês do calendário lunar. O número 9 representa a pura energia yang (6 é o correspondente yin — ver o *Yi Jing*). O festival também é chamado de "登高节" (*deng gao jie*), literalmente: "feriado para subir às alturas". Até hoje, nesse dia, realizam-se excursões para subir montes e escalar montanhas (alturas são, geomanticamente, yang). Também se celebra esse dia pela profusão de crisântemos e por beber vinho verde com pétalas dessa flor.

Yu Xuanji

【浣纱庙】

吴越相谋计策多,
浣纱神女已相和。
一双笑靥才回面,
十万精兵尽倒戈。
范蠡功成身隐遁,
伍胥谏死国消磨。
只今诸暨长江畔,
空有青山号苎萝。

O templo da lavadora de seda[1]

Os reinos de Wu e Yue tramavam-se intrigas
e ela, deusa em seu templo, lavava sedas
À quimera de seu riso perdeu-se um príncipe
Deixaram cair as lanças hostes guerreiras
Tendo alcançado seus fins, Fan Li retirou-se
Foi Wu Xu abatido; seu reino, perdido
E hoje, ao seguir-se o longo rio em Zhuji
tudo o que resta: este monte, o nome Zhu Luo

---

[1] Este poema é baseado em episódio histórico ocorrido no período chamado Primavera e Outono (778-481 a.C.). O templo referido é dedicado a Xi Shi, uma das legendárias "quatro belezas máximas" da China antiga, que ganhava a vida como lavadora de seda em Zhuji, capital do Estado de Yue. O rei Gou Jian, de Yue, seguindo os conselhos de seu ministro Fan Li, treinou-a em sedução e espionagem, enviando-a, depois, como presente ao rei Fu Chai, do Estado vizinho de Wu. Fu Chai, seduzido e desorientado por ela, descuidou dos assuntos de Estado e mandou matar seu melhor conselheiro, Wu Zi Xu (sexto verso). Então, o Reino de Yue invadiu e conquistou Wu. O atual Templo Xi Shi levanta-se ao pé da colina Zhu Luo (oitavo verso), às margens do Rio Huangsha.

Yu Xuanji

【感怀寄人】

恨寄朱弦上,
含情意不任。
早知云雨会,
未起蕙兰心。
灼灼桃兼李,
无妨国士寻。
苍苍松与桂,
仍羡世人钦。
月色苔阶净,
歌声竹院深。
门前红叶地,
不扫待知音。

Comovida, envio a alguém

Deixar às cordas rubras desta cítara
a dor sentida, o ódio sem saída
Nuvens e chuvas, como nós, encontram-se
sem que vicejem corações, nem flores
Brilhantes, frescos são a ameixa, o pêssego
Preciosos, valem a sábios eminentes
Verdes, a cássia e o pínus, copiosos
Sua riqueza cantam mundo afora
Escoa a lua em cores sobre o musgo
Ressoa um canto ao fundo dos bambus
Folhas vermelhas, na soleira, aninham-se
e à falta dele, deitam em desalinho

Yu Xuanji

【期友人阻雨不至】

雁鱼空有信，
鸡黍恨无期。
闭户方笼月，
褰帘已散丝。
近泉鸣砌畔，
远浪涨江湄。
乡思悲秋客，
愁吟五字诗。

ns de Yu Xuanji

À espera de um amigo que não veio por causa da chuva[1]

Gansos e peixes[2] informaram de tua ausência
O galo e o milho desperdiçam-se a este tempo[3]
Tranquei-me a casa, uma gaiola sob a lua
Caem fios de seda e à cortina se diluem
Tão perto a fonte, vem das pedras seu rumor
mas longe o rio, soam às margens suas ondas
Só em viagem, vem-me o outono, chega, acerca-se
e este poema é o que me resta, cada verso

---

1 A poetisa, em viagem, esperava a visita de um amigo da terra natal.
2 "Gansos e peixes": cf. a nota 2, p.41, do poema "Início do outono".
3 A imagem "o galo e o milho", comum à época, significa "um banquete", o qual, no caso, seria oferecido pela poetisa ao visitante, mas se desperdiçou.

Yu Xuanji

【夏日山居】

移得仙居此地来,
花丛自遍不曾栽。
庭前亚树张衣桁,
坐上新泉泛酒杯。
轩槛暗传深竹径,
绮罗长拥乱书堆。
闲乘画舫吟明月,
信任轻风吹却回。

Vivendo nas montanhas no verão

Aqui, onde habitam os deuses, fiz minha morada
Bosques e arbustos misturam-se à revelia
Roupas lavadas penduro à menor das árvores
Sento-me à fonte; das pedras, nasce meu vinho
Abro as janelas à trilha dentre os bambus
Finas sedas tornaram-se embrulho de livros
Remando desço o rio, entre cantos à lua
leva-me o vento ao retorno: e ainda recito

Yu Xuanji

【迎李近仁员外】

今日喜时闻喜鹊,
昨宵灯下拜灯花。
焚香出户迎潘岳,
不羡牵牛织女家。

Saudação ao cavalheiro Li Jinren

Tudo hoje é festa, alegre o alarido das gralhas.[1]
Ontem dedicou-se à flor uma vela inteira
e ao belo conviva, o incenso. Inveja não tecem-me,[2]
mesmo a princesa do céu, seu noivo, ao regaço.

---

[1] Gralha-do-campo, ou pega (*xi-que* – lê-se "xi-tchuê" – em chinês; *magpie* em inglês), é o nome que recebe, em Portugal, um pássaro comum na China e na Europa, inexistente no Brasil, de penagem escura e cauda alongada e vistosa. Na China, é associado ao sucesso no amor, por seu papel na lenda da princesa tecelã do Céu e seu vaqueiro, que determina o Dia dos Namorados chinês – tradicionalmente cai no sétimo dia do sétimo mês no calendário lunar. Segundo a lenda, apaixonaram-se e casaram-se um jovem vaqueiro e uma filha da Deusa e do Imperador do Céu, que viera à terra, cansada da tarefa celestial que lhe tocava de tecer as cores das nuvens e do céu. A princesa foi chamada de volta pela mãe, que repudiou o casamento com um mortal. Após várias peripécias, os dois foram separados definitivamente pela Deusa, que, raspando o céu com um grampo de cabelo, criou um rio celestial entre eles (ou entre Altair e Vega): a Via Láctea. Mas um dia por ano, na data do Dia dos Namorados, todas as pegas do mundo se juntam no céu e fazem uma ponte com suas caudas, para que os amantes se encontrem naquela noite.

[2] Nos segundo e terceiro versos: conforme a tradição, em honra a um visitante desejado deve-se queimar uma vela até o final – quando seus restos, derretidos, assemelham-se a uma "flor" de cera –, além de incenso.

Yu Xuanji

【和人】

茫茫九陌无知己，
暮去朝来典绣衣。
宝匣镜昏蝉鬓乱，
博山炉暖麝烟微。
多情公子春留句，
少思文君昼掩扉。
莫惜羊车频列载，
柳丝梅绽正芳菲。

Carta a um amigo

Vastas, inquietas, as ruas sem bons amigos
Passam-se os dias, envergo o melhor vestido
Frágil no espelho é meu rosto, os soltos cabelos
Cobre-me em bruma leve o perfume do incenso
É primavera, o desejo encontra-me agora
Vejo-me à imagem de ilustres divas de outrora
À porta jovens ditosos param seus carros
Vergam salgueiros: à hora, flores se abrem

Yu Xuanji

【春情寄子安】

山路欹斜石磴危,
不愁行苦苦相思。
冰销远涧怜清韵,
雪远寒峰想玉姿。
莫听凡歌春病酒,
休招闲客夜贪棋。
如松匪石盟长在,
比翼连襟会肯迟。
虽恨独行冬尽日,
终期相见月圆时。
别君何物堪持赠,
泪落晴光一首诗。

Sentimentos de primavera – enviado a Zi'an

Íngrime a estrada; à montanha, crispam-se escarpas
Áspera a via; sem ti, mais árduo é o caminho,
Vejo o degelo, chega-me o som de tuas rimas,
longe: à neve dos picos, tua imagem de jade

Vinho ordinário, pobres canções não te apresem
nem, com fúteis parceiros, pernoites ao jogo
Forjado em pínus, não pedra, dure este voto:
aves, voaremos em par; o encontro se apresse

Mesmo se ao pleno inverno este dia atravesso,
torno à mais cheia lua, de novo me envolvas
Parto, e tudo o que tenho a te dar são despojos:
este poema, lágrimas, luz em viés

Yu Xuanji

【暮春即事】

深巷穷门少侣俦,
阮郎唯有梦中留。
香飘罗绮谁家席,
风送歌声何处楼。
街近鼓鼙喧晓睡,
庭闲鹊语乱春愁。
安能追逐人间事,
万里身同不系舟。

Improviso do final da primavera

Bem poucos cruzam a aleia, vêm até a porta
Há este homem, vejo-o apenas em sonhos

Chega um perfume em sedas, senta ao banquete;
entram também canções, ondulando ao vento

Perto, à manhã, tambores assaltam o sono
É primavera e as aves cantam em abandono

Como esperar no mundo um certo lugar
sobre a distância, atar meu barco a algum cais?

Yu Xuanji

【寄刘尚书】

八座镇雄军,
歌谣满路新。
汾川三月雨,
晋水百花春。
囹圄长空锁,
干戈久覆尘。
儒僧观子夜,
羁客醉红茵。

Ao grande Secretário Liu[1]

Oito fortes tomaste, e tuas tropas,
de antigos cantos, foram a outros rumos
Março, passaram o Rio Fen, sob as chuvas
Já no Rio Jin, veem as flores que brotam
Celas, prisões são fechadas vazias
Frias albardas se afundam no pó
Sábios e monges assistem à Meia-Noite,[2]
rubras esteiras com ébrios convivas

---

1 O poema é escrito em homenagem ao Secretário Liu Tong, que ofereceu à poetisa um trabalho de bom nível. Os oito primeiros versos descrevem um país de paz, prosperidade e rica vida cultural. Referem-se, também, a um grande feito de Liu Tong, que convenceu cidades rebeldes a se renderem e destinarem seus exércitos a "outros rumos" ou objetivos.

2 "Meia-Noite" (子夜 – Zi Ye) era o nome artístico de uma jovem cantora, famosa na Dinastia Jin (265-420), a quem é atribuída uma conhecida coleção de canções de amor.

Yu Xuanji

笔砚行随手,
诗书坐绕身。
小材多顾盼,
得作食鱼人。

À mão, a pedra e o pincel se sujeitem[3]
Cartas, poemas distingam teu dia
Mesmo aos pequenos destinas auxílio[4]
e ora farão seus jantares de peixe

---

[3] A pedra para dissolver a tinta e o pincel estão entre os "quatro tesouros" (instrumentos para escrever) do intelectual e calígrafo chinês, assim como o papel e a tinta.

[4] Nos 11º e 12º versos, a poetisa refere-se a si mesma como alguém "pequeno". Em seguida, uma alusão à história de Feng Xuan, serviçal de rico e sábio senhor no período dos Reinos Combatentes (475-221 a.c.), que se queixava de não ter provisões suficientes porque não dispunha de peixe para comer, como os oficiais de nível superior. No entanto, afinal, teve seu talento reconhecido pelo senhor, com quem trabalhou por muitos anos. Também há uma referência da poetisa a si mesma: seu sobrenome, Yu, significa, em chinês, "peixe".

Yu Xuanji

【隔汉江寄子安】

江南江北愁望,
相思相忆空吟。
鸳鸯暖卧沙浦,
䴔䴖闲飞橘林。
烟里歌声隐隐,
渡头月色沈沈。
含情咫尺千里,
况听家家远砧。

Enviado de longe a Zi'an desde o Rio Hanjiang

Buscar-te ao norte, ao sul do rio, sem esperança
e a poesia ao vento entrega tua lembrança
Invejo os patos-mandarins aconchegados
e os mansos pássaros pousados no pomar
Canções de casa ecoam vozes na neblina
Às ondas deixa-se o luar, sua luz dissipa-se
Sempre distantes somos nós, e ouço tão próximos
sons familiares: lavam roupas ao redor

Yu Xuanji

【情书（一作书情寄李子安）】

饮冰食蘖志无功，
晋水壶关在梦中。
秦镜欲分愁堕鹊，
舜琴将弄怨飞鸿。
井边桐叶鸣秋雨，
窗下银灯暗晓风。
书信茫茫何处问，
持竿尽日碧江空。

Carta a Zi'an

Tento aplacar com água o fogo, o amargo ao estômago,[1]
dar curso à vida, e em sonhos vêm-me a casa, o rio
Dos dois amantes trinca o espelho, a ponte oscila
O reino a cítara emudece, desarmônico

O outono chora em folhas, plátanos na chuva
Lanterna prata esvai-se ao vento da manhã
Ao mundo vasto, nossas cartas; não se alcançam
Em rio sem peixe tua vara a mão segura

---

[1] A poetisa cita um "成语" – *chengyu* –, isto é, um ditado popular, saído de um verso de Bai Zhuyi (Dinastia Tang): "饮冰食檗", *yin bing shi bo*: "beber água gelada e comer cortiça amarga". Refere-se a suportar o insuportável na vida. A frase alude à medicina chinesa: tentar aplacar o "fogo" interior (advindo da raiva, da ansiedade) com água gelada, e o amargor do estômago (azia etc.) mascando uma espécie de cortiça, extraída de uma árvore medicinal. Este poema foi escrito por Yu Xuanji para o marido, em momento de separação, quando ela abandonou a casa escorraçada pela "primeira esposa". O sobrenome da poetisa, em chinês (Yu), significa "peixe", daí a imagem do último verso, no qual Zi'an realizará, dali em diante, uma pescaria em vão, em rio "sem peixe".

Yu Xuanji

【访赵炼师不遇】

何处同仙侣，
青衣独在家。
暖炉留煮药，
邻院为煎茶。
画壁灯光暗，
幡竿日影斜。
殷勤重回首，
墙外数枝花。

Visitando Mestra Zhao e não a encontrando[1]

Quis encontrar a sábia amiga, a mestra
Em casa, só a noviça que a servia
No forno, ainda o olor de medicina
no pátio, a mesa, o chá cevando à pedra

Tremeluziam nos murais as lâmpadas
Do ocaso a sombra se alongava ao mastro
Tornei-me à volta, meu olhar retraso:
acenam flores desde o muro às plantas

---

[1] Algumas traduções deste poema, em inglês, apresentam Mestra Zhao como sendo um homem. Segundo alguns estudiosos chineses, Zhao deve ser mulher, uma mestra taoista. A língua chinesa não tem flexão de gênero e a poesia clássica, em geral, suprime os pronomes pessoais. Na ausência de marcas gramaticais que indiquem o gênero, há, entretanto, indicações contextuais: em casa, na ausência da mestra, estava a noviça que a servia (como é comum em congregações religiosas, sobretudo em mosteiros, nos quais se pratica estrita separação de gênero).

Yu Xuanji

【过鄂州】

柳拂兰桡花满枝,
石城城下暮帆迟。
折牌峰上三闾墓,
远火山头五马旗。
白雪调高题旧寺,
阳春歌在换新词。
莫愁魂逐清江去,
空使行人万首诗。

Passando por E Zhou[1]

Estancam os remos nos salgueiros, ramos, flores
À tarde aponta a cidadela, a vela, ao olho
No Monte Zhepai um poeta jaz ao túmulo[2]
A pedras, pó guarda o estandarte que tremula
Ainda se ouve ao templo a elevada música[3]
da primavera, neve e sol perduram, mudam
Mo Chou deixou-se ao rio, seu canto soa às sombras
Nas águas tudo é vão, viajantes, versos somam-se

---

1 Na Província de Hubei, havia a antiga "Cidade de Pedra" de E Zhou, na qual viveu Mo Chou, beldade lendária das chamadas Dinastias do Norte e do Sul (420-588 d.C.). Moça pobre, mas talentosa, desde os 13 anos era tecelã e cantora apreciada. Aos 15 anos casou-se como concubina com um oficial membro da ilustre família Lu. Desenvolvendo conhecimentos e habilidades como médica, dedicou-se a servir aos pobres. Segundo a lenda, o povo dizia que apenas por olhá-la ou ouvi-la cantar os doentes se curavam.
2 No Pico Zhepai encontra-se a tumba do conhecido poeta Qu Yuan, do período dos Reinos Combatentes (475-221 a.C.).
3 Quinto e sexto versos: No templo, no alto da colina, há inscrições de canções antigas, inclusive "Neve branca" e "Sol de primavera", alguns dos principais temas musicais clássicos da China. Mas as letras das músicas mudaram com o tempo, passando a contar as histórias de Mo Chou e da "Cidade de Pedra".

Yu Xuanji

【和人次韵】

喧喧朱紫杂人寰,
独自清吟日色间。
何事玉郎搜藻思,
忽将琼韵扣柴关。
白花发咏惭称谢,
僻巷深居谬学颜。
不用多情欲相见,
松萝高处是前山。

Resposta a um poema

A instável, viva multidão vermelho-púrpura,
e ao sol, serena solidão: o meu poema
Nenhum desejo — a breve fama, o amor urgente
Da fortaleza nasce um canto, ao mais profundo

Agradecida, à simples clara flor inclino-me
Viver reclusa e só, entregue a esta procura
é todo encontro superar em amor mais puro
como elevar-se entre montanhas basta ao pínus

Yu Xuanji

【左名场自泽州至京,使人传语】

闲居作赋几年愁,
王屋山前是旧游。
诗咏东西千嶂乱,
马随南北一泉流。
曾陪雨夜同欢席,
别后花时独上楼。
忽喜扣门传语至,
为怜邻巷小房幽。
相如琴罢朱弦断,
双燕巢分白露秋。
莫倦蓬门时一访,
每春忙在曲江头。

Carta a um candidato aos exames imperiais

Fiz poesia, triste e quieta no meu canto
Já tantas vezes à montanha recolhi-me
A leste, oeste a voz ecoa pelos picos
Sul, norte corre este cavalo sem descanso

Noites chuvosas, nosso encontro era um festim
mas chega a primavera, as flores, e te vais
Se um dia à porta chamem, fosse tua mensagem
alcançaria a erma choupana uma alegria

Acaba a música, rompeu-se o instrumento
Se o par de pássaros se aparta, gela o ninho
Lembra da amiga só, no campo, à própria sina
É primavera, passa ao rio este momento

Yu Xuanji

【光、威、裒姊妹三人少孤而始妍，乃有是作⋯因次其韵】

昔闻南国容华少，
今日东邻姊妹三。
妆阁相看鹦鹉赋，
碧窗应绣凤凰衫。

Três lindas irmãs, desde cedo órfãs e poetisas...[1]

Do sul, beleza fausto e viço, diz-se em ênfase
e a leste, as irmãs, três: vizinha, a antiga casa
revive inteira se recitam desde o quarto
e na janela veem-se, às roupas bordam fênix

---

[1] Este poema refere-se a outro, escrito por três irmãs poetisas de Chang'An, o qual Yu Xuanji conheceu por um amigo. Em geral, a forma fixa clássica é construída em conjuntos de quatro versos; a maioria são peças curtas, com quatro ou oito. Aqui há 24 versos (forma chamada *chang lü* – "长律"), o poema de Yu Xuanji é denso, formalmente complexo, com sonoridade elaborada e construído com ricas sinestesias, cheio de metáforas sensoriais relativas à sensualidade e ao prazer feminino. A condição da mulher aparece como encurralada entre a imortalidade divina e um mundo centralmente masculino, que exclui e confina. Ao final, o amor se consome em sonho e irrealidade, dissipando-se em nuvens ao buscar materializar--se. É notável o aspecto visual, pictórico do poema – característica da poesia clássica, cujo ideal era o de fazer "pinturas escritas", fundindo a obra literária com as artes plásticas e a música.

Yu Xuanji

红芳满院参差折,
绿醑盈杯次第衔。
恐向瑶池曾作女,
谪来尘世未为男。
文姬有貌终堪比,
西子无言我更惭。
一曲艳歌琴杳杳,
四弦轻拨语喃喃。
当台竞斗青丝发,
对月争夸白玉簪。
小有洞中松露滴,
大罗天上柳烟含。
但能为雨心长在,
不怕吹箫事未谙。
阿母几嗔花下语,
潘郎曾向梦中参。
暂持清句魂犹断,
若睹红颜死亦甘。
怅望佳人何处在,
行云归北又归南。

Vermelho o pátio esplende em profusão de flores
Transbordam verde vinho cálices repletos
Mirar-se ao jade, à água: ainda ser mulher
e sempre ser — perder-se ao Céu, banir-se aos homens

Das três, encanto, engenho e arte se comparem
à infinita graça eterna feminina
O amor é réplica de um sonho, dissemina-se
murmúrio ao *lute* entre paredes, cordas — quatro

Repousa em seus cabelos, negra seda, o espelho
Em jade branco aos claros grampos jaz a lua
O orvalho escorre dos pinheiros, desce à gruta
Envolve tênue névoa o céu sobre os salgueiros

Enquanto nuvens virem em chuva, sigam sempre
límpido sopro à flauta, soem sem temores
Possam guardar-se em confidência em meio às flores:
o meu amado habita um tempo em sonhos; vem-me

assim, poeta, erige versos. Mas alquebra-se
Pudera ver beleza tanta, valeria
descer à vida e dar-se à morte prometida
Em vão; a norte e sul: são nuvens, céu aberto

【句】

（一）
焚香登玉坛，
端简礼金阙。

（二）
云情自郁争同梦，
仙貌长芳又胜花。

（三）
绮陌春望远，
瑶徽春兴多。

Fragmentos

(I)

Ascende o odor do incenso ao altar de jade
Levo um convite solene à mansão dourada

(II)

Alegra-se a alta nuvem, entre sonhos tristes
O olhar do céu permanece, um olor mais que flores

(III)

Campos abrem-se em estradas: a primavera
traça sinais de música na paisagem

（四）
殷勤不得语，
红泪一双流。

（五）
明月照幽隙，
清风开短襟。

(IV)

Desde o silêncio cresce o protesto mudo
Cai antes uma, e um par: são lágrimas rubras

(V)[1]

Estreita lua brilha, uma clareira
e o duro vento à curta veste, a fenda

---

[1] O fragmento V, segundo Huangfu Mei, comentarista do final da Dinastia Tang (em texto considerado um pouco "romanceado", talvez não totalmente fidedigno), são os últimos versos escritos por Yu Xuanji, na prisão, pouco antes de sua execução.

Referências bibliográficas

A lista a seguir não é exaustiva: não citaremos obras fundamentais, mas que já há muito estão em circulação no Brasil, como, por exemplo, os prefácios de Haroldo e Augusto de Campos sobre tradução; o *ABC da literatura*, de Ezra Pound; o ensaio de Ernest Fenollosa sobre o sinograma (ou "ideograma"), que são obras de referência basilares para estes tradutores.

— *Textos de e sobre Yu Xuanji em chinês:*

PENG, Zhixian; ZHANG, Yi. *Yu Xuanji bian nian yi zhu*. (彭志宪，张燚；《唐代女诗人：鱼玄机编年译注》). Ürumqi: Editora da Universidade de Xinjiang, 1994 (新疆大学出版社).

ZHENG, Guangyi, Zhong Guo Li Dai Cai Nǚ Shi Ge Jian Shang. (郑光仪,《中国历代才女诗歌鉴赏》)。 Pequim: Editora dos Trabalhadores da China (中国工人出版社).

WU, Wei. *Yu Xuanji* (吴蔚,《鱼玄机》). Pequim: Editora Minzhu Fazhi (中国民主法制出版社). Romance sobre a vida da poetisa.

— Textos sobre tradução do chinês, aspectos gerais da cultura e do pensamento chinês:

BENN, Charles. *China's Golden Age*. Everyday life in the Tang Dynasty. Londres: Oxford University Press. 2002.

CHAN, Leo Tak-hung. *Twentieth-Century Chinese Translation Theory*: Modes, Issues and Debates. Amsterdam: John Benjamin Publishing Company, 2004.

CHENG, Anne. *Histoire de la pensée chinoise*. Paris: Éditions du Seuil, 1997.

CHENG, François. *L'écriture poétique chinoise*. Paris: Éditions du Seuil, 1996.

_____. *Souffle-Esprit*. Textes théoriques chinois sur l'art pictural. Paris: Éditions du Seuil, 2006.

CULAS, Michel. *Grammaire de l'object chinois*. Les éditions de l'amateur. 3.ed. 2006.

DÉSPEUX, Catherine. *L'ordination des femmes taoistes sous les Tang*. Disponível em: <http://www.afec-en-ligne.org/IMG/pdf/5-Despeux.pdf>.

LAOZI. *Dao De Jing*. Tradução Mario Bruno Sproviero. São Paulo: Hedra, 2007.

LI, Po; TU, Fu. *Poemas Chineses*. Tradução Cecília Meireles. Rio de Janeiro: Nova Fronteira. 1996.

MACIEL, Maria Esther. *Desafios da tradução criativa*: invenção, transfingimento e cruzamentos culturais. Disponível em: <http://www.revistazunai.com/ensaios/maria_esther_maciel_traducao_criativa.htm>. Acesso em mar. 2011.

QIAN, Zhaoming (Org.). *Ezra Pound and China*. Ann Arbor (MI): University of Michigan Press, 2003.

_____. *Orientalism and Modernism*: The Legacy of China in Pound and Williams. London: Duke University Press, 1995.

XIE, Ming. *Ezra Pound and the Appropriation of Chinese Poetry*. New York: Garland, 1999.

Poesia completa de Yu Xuanji

— *Traduções da obra de Yu Xuanji:*

1. Há diversas traduções de poemas isolados de Yu Xuanji em língua inglesa, com diferentes qualidades literárias. Citaríamos principalmente os oito poemas traduzidos por Leonard Ng (disponíveis em: <http://www.rainybluedawn.com/translations/chinese/yxj>). Citem-se também as traduções de Justin Hill — 29 poemas —, que integram o romance que escreveu sobre a vida de Yu Xuanji: *Passing Under Heaven* (London: Little, Brown Book Group, 2005). Kenneth Rexroth e Ling Chung incluíram quatro poemas de Yu Xuanji em seu *Women Poets of China* (New York: New Directions, 1982).
2. Encontra-se com certa facilidade uma edição recente da obra completa em inglês:
YU, Xuanji. *The Clouds Float North*: The Complete Poems of Yu Xuanji. Tradução de David Young e Jiann I. Lin. Middletown (CT): Wesleyan University Press, 1998. Disponível em: http://etext.lib.virginia.edu/chinese/yu/index.html.
3. LI, Ye; XUE, Tao; YU, Xuanji. *Autumn Willows*: Poetry by Women of Chinas's Golden Age. Tradução de Bannie Chow e Thomas Cleary. Santa Cruz (CA): Story Line Press, 2003.
O livro contém textos escolhidos das três poetisas da Dinastia Tang: Li Ye, Xue Tao e Yu Xuanji, a qual participa com 38 poemas.
4. MINFORD, John; LAU, Joseph. S. M. (Orgs.). *Classical Chinese Literature*: An Anthology of Translations from Antiquity to the Tang Dynasty. New York: Columbia University Press, 2000. v.I.
5. SUN, Kang-I; SAUSSY, Haun. (Orgs.). *Women Writers of Traditional China*: An Anthology of Poetry and Criticism. Palo Alto (CA): Stanford University Press, 1999.

Sobre os tradutores e organizadores

Ricardo Primo Portugal é poeta e diplomata, graduado em Letras pela Universidade Federal do Rio Grande do Sul (UFRGS). Trabalha e vive desde 2005 na China, primeiro em Pequim, depois em Xangai e, desde 2010, em Cantão (Guangzhou). Publicou *DePassagens* (Ameop, 2004), *Arte do risco* (SMCPA, 1992), *Antena tensa* (Coolírica, 1985), *A cidade iluminada – poemas de criança* (Paulinas, 1998), entre outros. Foi coorganizador da edição bilíngue chinês-português da *Antologia poética de Mario Quintana* (EDIPUCRS, 2007), primeiro livro de um poeta brasileiro traduzido para o chinês, com o apoio do Consulado Geral do Brasil em Xangai. Tem publicado artigos sobre poesia chinesa e tradução de poesia chinesa clássica em revistas literárias.

Tan Xiao é graduada em Letras, com ênfase em língua inglesa e ensino das línguas inglesa e chinesa pela Universidade Normal de Hengyang e pela Universidade Zhong Nan, Changsha, Hunan, República Popular da China. Estudou português na Universidade de Brasília (UnB). Foi intérprete e tradutora

Yu Xuanji

português-chinês da Embaixada do Brasil em Pequim e trabalhou no escritório brasiliense da empresa Huawei. Atualmente, faz mestrado em Linguística na Universidade de Línguas Estrangeiras de Guangdong.

SOBRE O LIVRO

Formato: 14 x 21 cm
Mancha: 23 x 44 paicas
Tipologia: Venetian 301 12,5/16
Papel: Pólen Soft 80 g/m² (miolo)
Cartão Supremo 250 g/m² (capa)
1ª *edição*: 2011
144 páginas

EQUIPE DE REALIZAÇÃO

Capa
Andrea Yanaguita

Edição de Texto
Elisa Andrade Buzzo (Copidesque)
Tatiana Valsi (Revisão)

Editoração Eletrônica
Eduardo Seiji Seki (Diagramação)

Assistência Editorial
Alberto Bononi

Rua Xavier Curado, 388 • Ipiranga - SP • 04210 100
Tel.: (11) 2063 7000 • Fax: (11) 2061 8709
rettec@rettec.com.br • www.rettec.com.br